AF234502

Impressum
Verlag: BABADADA GmbH, Nedderfeld 112 , 22529 Hamburg
Geschäftsführer / Verlagsleitung: Harald Hof
Druck: Books on Demand GmbH, In de Tarpen 42, 22848 Norderstedt

Imprint
Publisher: BABADADA GmbH, Nedderfeld 112 , 22529 Hamburg, Germany
Managing Director / Publishing direction: Harald Hof
Print: Books on Demand GmbH, In de Tarpen 42, 22848 Norderstedt

學校

դպրոց

教室
մատյան
除
բաժանել
186/2
黑板
գրատախտակ
խաղադաշտ
老師
ուսուցիչ
紙
թուղթ
書寫
գրել
筆
գրիչ
辦公桌
գրասեղան
直尺
քանոն
書
գիրք
學生
աշակերտ

書包

պայուսակ

鉛筆盒

գրչատուփ

鉛筆

մատիտ

削鉛筆機

մատիտի սրիչ

橡皮擦

ռետին

畫板

նկարչական ալբոմ

圖畫

Նկարչություն

畫筆

վրձին

顏料盒

Ներկերի տուփ

剪刀

մկրատ

膠水

սոսինձ

練習冊

տետր

家庭作業

Տնային աշխատանք

12

數字

թիվ

2+2

加

գումարել

5-2

減

հանել

2×2

乘

բազմապատկել

計算

հաշվել

A

字母

տառ

ABCDEFG
HIJKLMN
OPQRSTU
VWXYZ

字母表

այբուբեն

hello

字

բառ

課文

տեքստ

讀

կարդալ

粉筆

կավիճ

上課

դաս

登記

մատյան

考試

քննություն

證書

վկայական

校服

դպրոցական համազգեստ

教育

կրթություն

百科全書

հանրագիտարան

大學

համալսարան

顯微鏡

մանրադիտակ

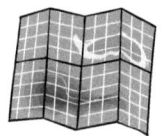

地圖

քարտեզ

廢紙簍

աղբարկղ

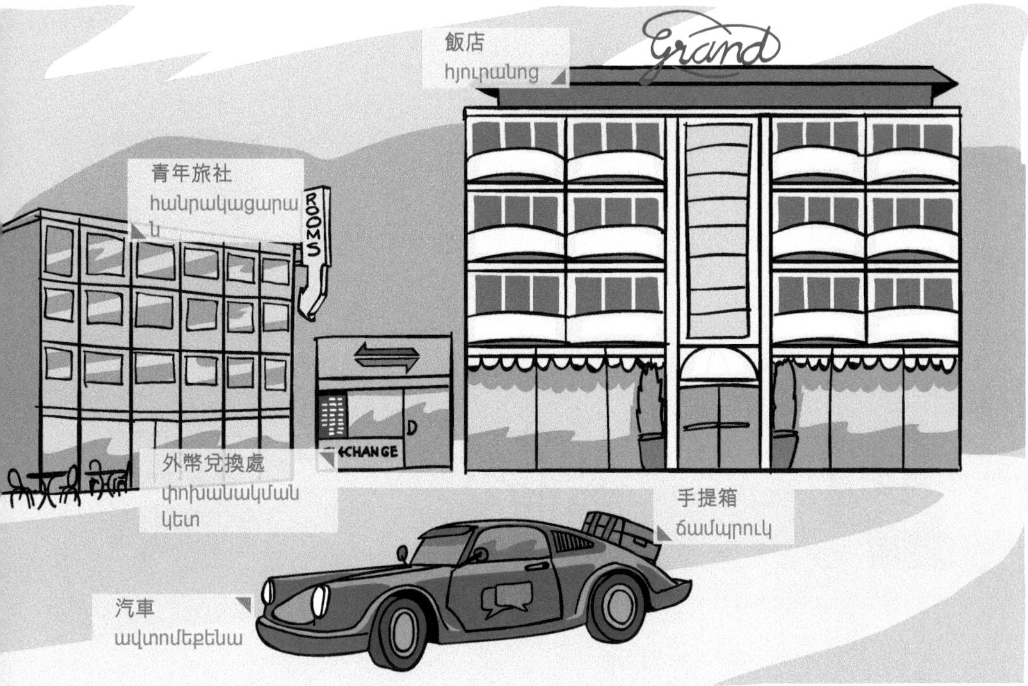

飯店
հյուրանոց
Grand
青年旅社
հանրակացարա
ն
ROOMS
…CHANGE
外幣兌換處
փոխանակման
կետ
手提箱
ճամպրուկ
汽車
ավտոմեքենա

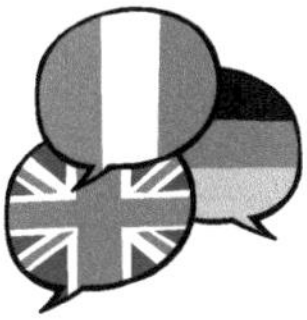

語言

լեզու

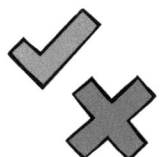

是/否

այո / ոչ

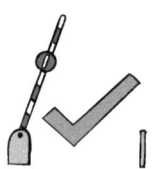

好的

Լավ

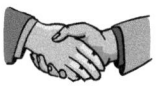

您好

ողջույն

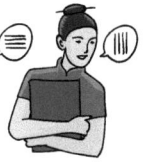

翻譯人員

թարգմանիչ

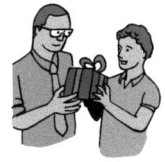

謝謝

Շնորհակալություն

......多少錢？

Որքան է ...?

我不明白

Ես չեմ հասկանում

問題

խնդիր

晚上好！

Բարի երեկո

早上好！

Բարի լույս

晚安！

Բարի երեկո

再見

ցտեսություն

方向

ուղղություն

行李

ուղեբեռ

包

պայուսակ

背包

մեջքի պայուսակ

客人

հյուր

房間

սենյակ

睡袋

քնապարկ

帳篷

վրան

旅行資訊

Զբոսաշրջության տեղեկատվական

海灘

լողափ

信用卡

ԿՐԵԴԻՏ քարտ

早餐

նախաճաշ

午餐

լանչ

晚餐

ճաշ

票

տոմս

電梯

վերելակ

郵票

կնիք

邊界

սահման

海關

մաքսային

大使館

դեսպանություն

簽證

մուտքի արտոնագիր

護照

անձնագիր

交通運送

Փոխադրամիջոցներ

飛機
ինքնաթիռ
船
նավ
消防車
հրշեջ մեքենա
公車
ավտոբուս
卡車
բեռնատար մեքենա
汽艇
մոտորանավակ
汽車
ավտոմեքենա
腳踏車
հեծանիվ

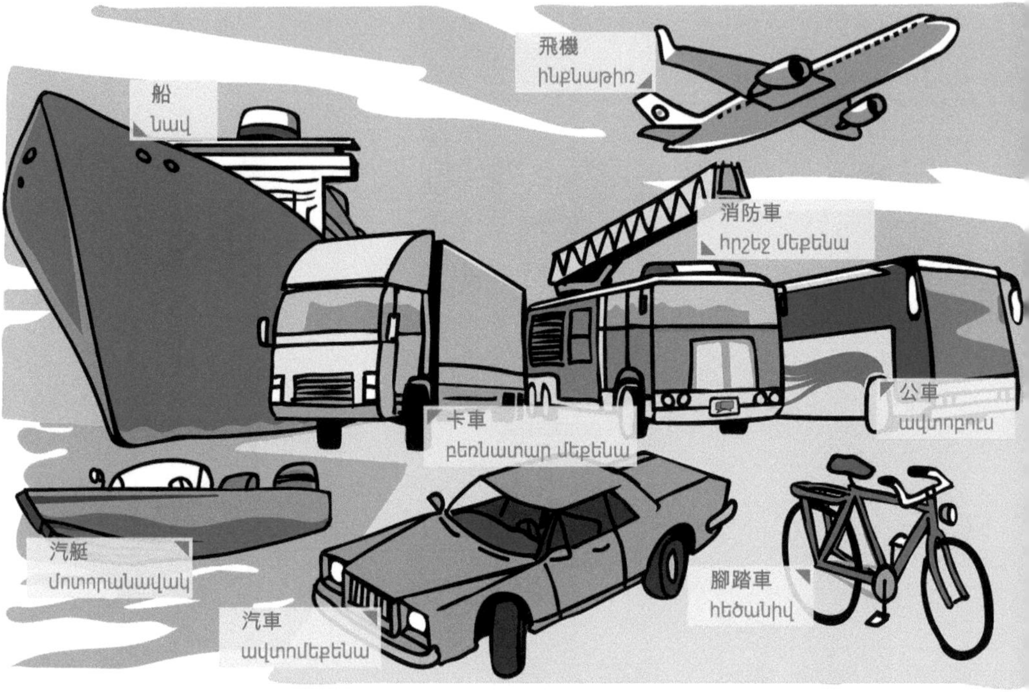

渡輪

լաստանավ

小船

նավակ

機車

մոտոցիկլ

警車

ոստիկանության մեքենա

賽車

մրցարշավային մեքենա

租車

վարձակալվող մեքենա

拼車

մեքենայի վարձակալում

拖車

էվակուատոր

垃圾車

աղբահանության մեքենա

馬達

շարժիչ

汽油

վառելիք

加油站

բենզալցակայան

交通標識

երթևեկության նշան

交通

երթևեկություն

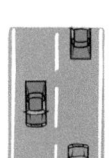

交通堵塞

խցանում

停車場

ավտոկանգառ

火車站

երկաթուղային կայարան

軌道

երկաթուղագիծ

火車

գնացք

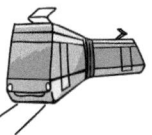

路面電車

տրամվայ

客車廂

վագոն

直升機

ուղղաթիռ

機場

օդանավակայան

塔

աշտարակ

乘客

ուղևոր

集裝箱

աման

紙板箱

խավաքարտ

手推車

սայլ

籃子

զամբյուղ

起飛/降落

հանեք / հողատարածք

城市

քաղաք

村莊

գյուղ

市中心

քաղաքի կենտրոնում

房子

տուն

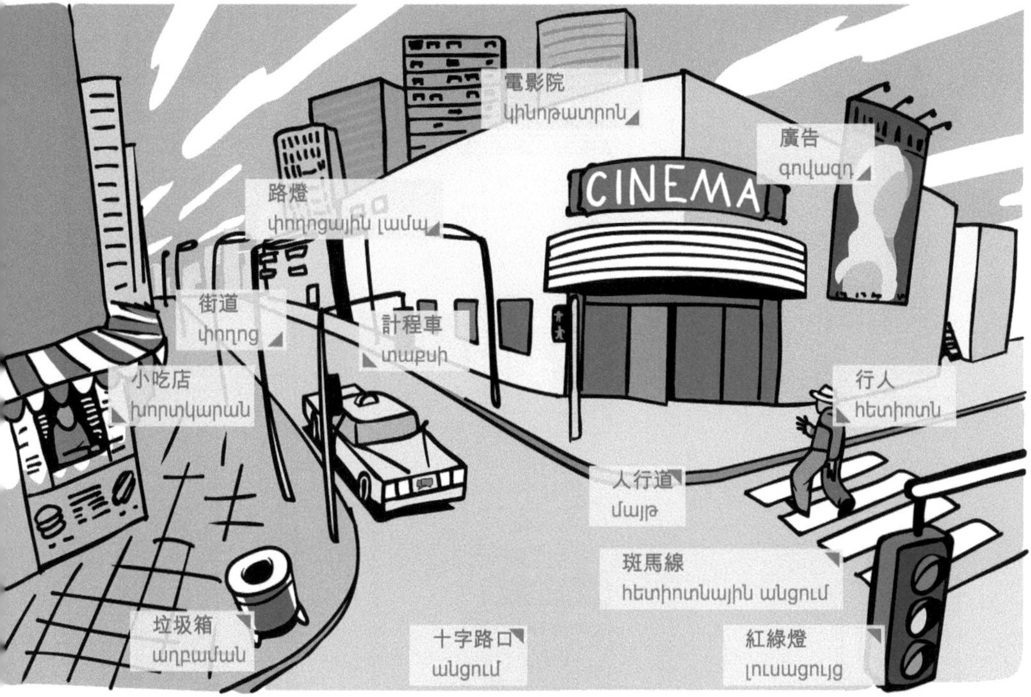

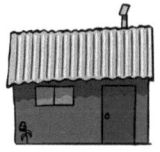

電影院
կինոթատրոն
廣告
գովազդ
CINEMA
路燈
փողոցային լամպ
街道
փողոց
計程車
տաքսի
小吃店
խորտկարան
行人
հետիոտն
人行道
մայթ
斑馬線
հետիոտնային անցում
垃圾箱
աղբաման
十字路口
անցում
紅綠燈
լուսացույց

小屋

խրճիթ

公寓

բնակարան

火車站

երկաթուղային կայարան

市政廳

քաղաքապետարան

MUSEUM

博物館

թանգարան

學校

դպրոց

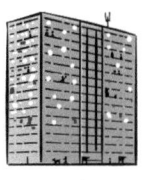

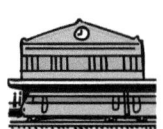

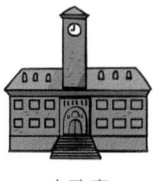

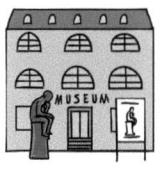

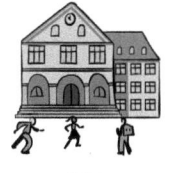

大學

համալսարան

銀行

բանկ

醫院

հիվանդանոց

飯店

հյուրանոց

藥房

դեղատուն

辦公室

գրասենյակ

書店

գրքույկ խանութ

商店

խանութ

花店

ծաղկի խանութ

超市

սուպերմարկետ

市場

շուկա

百貨商店

հանրախանութ

魚店

ձկան խանութ

購物中心

առեւտրի կենտրոն

海港

նավահանգիստ

公園

զբոսայգի

長凳

բանկերը

橋

կամուրջ

樓梯

աստիճաններ

捷運

մետրո

隧道

թունել

公車站

ավտոբուսի կանգառ

酒吧

բար

餐館

ռեստորան

郵筒

փոստարկղ

路標

փողոցային նշան

停車計時器

ավտոկայանման հաշվիչ

動物園

կենդանաբանական այգի

游泳池

լողավազան

清真寺

մզկիթ

農場

ֆերմա

污染

աղտոտման

墓地

գերեզմանոց

教堂

եկեղեցի

操場

խաղահրապարակ

寺廟

տաճար

地形

բնապատկեր

樹葉
փեղկ

指示牌
ուղղության նշան

路
ճանապարհ

草地
մարգագետին

石頭
քար

樹
ծառ

徒步旅行者
արշավականներ

河
գետ

草
խոտ

花
ծաղիկ

峡谷

հովիտ

丘陵

բլուր

湖

լիճ

森林

անտառ

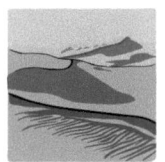

沙漠

անապատ

火山

հրաբուխ

城堡

ամրոց

彩虹

ծիածան

蘑菇

սունկ

棕櫚樹

արմավենու ծառ

蚊子

մժեղ

蒼蠅

թռչել

螞蟻

մրջյուն

蜜蜂

մեղու

蜘蛛

սարդ

甲蟲

բզեզ

青蛙

գորտ

松鼠

սկյուռ

刺蝟

ոզնի

野兔

նապաստակ

貓頭鷹

բու

鳥

թռչուն

天鵝

կարապ

野豬

վարազ

鹿

եղջերու

麋鹿

իշայծյամ

水壩

պատնեշ

風力發電機

քամին տուրբինների

太陽能電池板

արեւային վահանակ

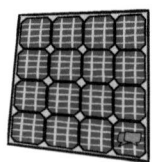

氣候

կլիմա

16 地形 - բնապատկեր

餐館
ռեստորան

服務生
մատուցող
菜譜
մենյու
椅子
աթոռ
湯
ապուր
披薩餅
պիցցա
桌布
սփռոց

前菜

ստարտեր

主菜

հիմնական կերակուր

甜點

դեսերտ

飲料

օրական

食物

սնունդ

瓶子

շիշ

速食

արագ սնունդ

街邊小吃

streetfood

茶壺

թեյնիկ

糖盒

շաքարաման

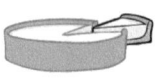

一份飯菜

բաժին

義式咖啡機

էսպրեսսո մեքենա

高腳椅

մանկական աթոռ

帳單

օրինագիծ

托盤

սկուտեղ

刀

դանակ

餐叉

պատառաքաղ

勺子

գդալ

茶匙

թեյի գդալ

餐巾

անձեռոցիկ

玻璃杯

ապակի

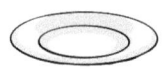

碟子

ափսե

湯盤

խոր ափսե

碟子

պնակ

醬

սոուս

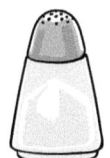

鹽瓶

աղաման

胡椒研磨罐

պղպեղի աղաց

醋

քացախ

食用油

ձեթ

調味料

համեմունքներ

番茄醬

կետչուպ

芥末

մանանեխ

美乃滋

մայոնեզ

超市

սուպերմարկետ

特價
հատուկ առաջարկ
FOR
顧客
հաճախորդ
乳製品
Dairy
水果
միրգ
購物車
գնումների սայլակ

肉鋪

մսամթերքի խանութ

麵包店

հացամթերքի խանութ

稱重

կշռել

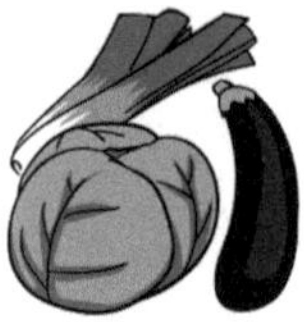

蔬菜

բանջարեղեն

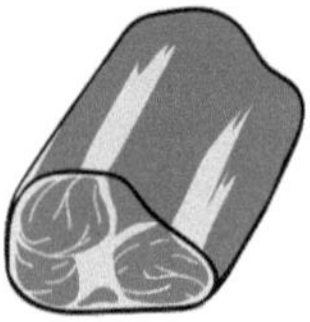

肉

միս

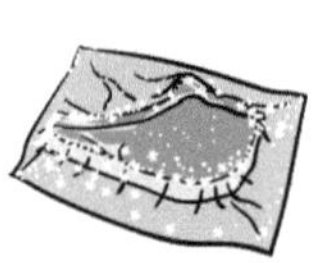

冷凍食品

սառեցված սննդամթերքի

冷盤

երշիկեղեն

罐頭食品

պահածոների

洗衣粉

լվացքի փոշի

甜食

քաղցրավենիք

日用品

տնտեսական ապրանքներ

清潔用品

մաքրող միջոցներ

銷售員

վաճառող

收銀機

դրամարկղ

收銀員

գանձապահ

購物清單

գնումների ցուցակ

開放時間

ժամերը

錢包

դրամապանակ

信用卡

ԿՐԵԴԻՏ քարտ

袋子

պայուսակ

塑膠袋

պլաստիկ տոպրակ

飲料

օրական

水

ջուր

果汁

հյութ

牛奶

կաթ

可樂

կոլա

紅酒

գինի

啤酒

գարեջուր

酒

սպիրտ

可可

կակաո

茶

թեյ

咖啡

սուրճ

義式濃縮咖啡

էսպրեսսո

卡布奇諾

կապուչինո

香蕉

բանան

蘋果

խնձոր

柳丁

նարնջի

西瓜

սեխ

檸檬

կիտրոն

胡蘿蔔

գազար

大蒜

սխտոր

竹子

բամբուկ

洋蔥

սոխ

蘑菇

սունկ

堅果

ընկուզեղեն

麵條

արիշտա

義大利麵

սպագետտի

米飯

բրինձ

沙拉

աղցան

薯條

չիպս

炸馬鈴薯

տապակած կարտոֆիլ

披薩餅

պիցցա

漢堡

համբուրգեր

三明治

սենդվիչ

炸豬排

կոտլետ

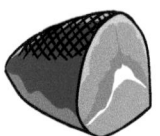

火腿

խոզապուխտ

義大利臘腸

սալյամի

香腸

երշիկ

雞肉

հավ

烤肉

խորոված

魚

ձուկ

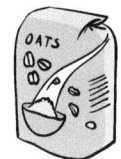

燕麥片

վարսակի փաթիլներ

木斯里

մյուսլի

玉米片

եգիպտացորենի փաթիլներ

麵粉

ալյուր

牛角麵包

կրուասան

麵包捲

բուլկի

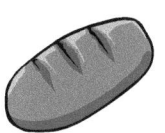

麵包

հաց

吐司

տոստ

餅乾

թխվածքաբլիթներ

奶油

կարագ

凝乳

կաթնաշոռ

蛋糕

տորթ

蛋

ձու

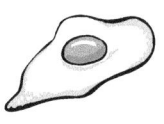

煎蛋

տապակած ձու

起司

պանիր

冰淇淋

պաղպաղակ

糖

շաքար

蜂蜜

մեղր

果醬

ջեմ

巧克力醬

նուգա սերուցք

咖哩

կարրի

農場
ֆերմա

ֆերմային տնակ
糧倉
գոմ
稻草捆
ծղոտի դեզ
田野
դաշտ
馬
ձի
拖車
կցասայլ
拖拉機
տրակտոր
馬駒
քուռակ
驢
ավանակ
羊
ոչխար
羔羊
գառ

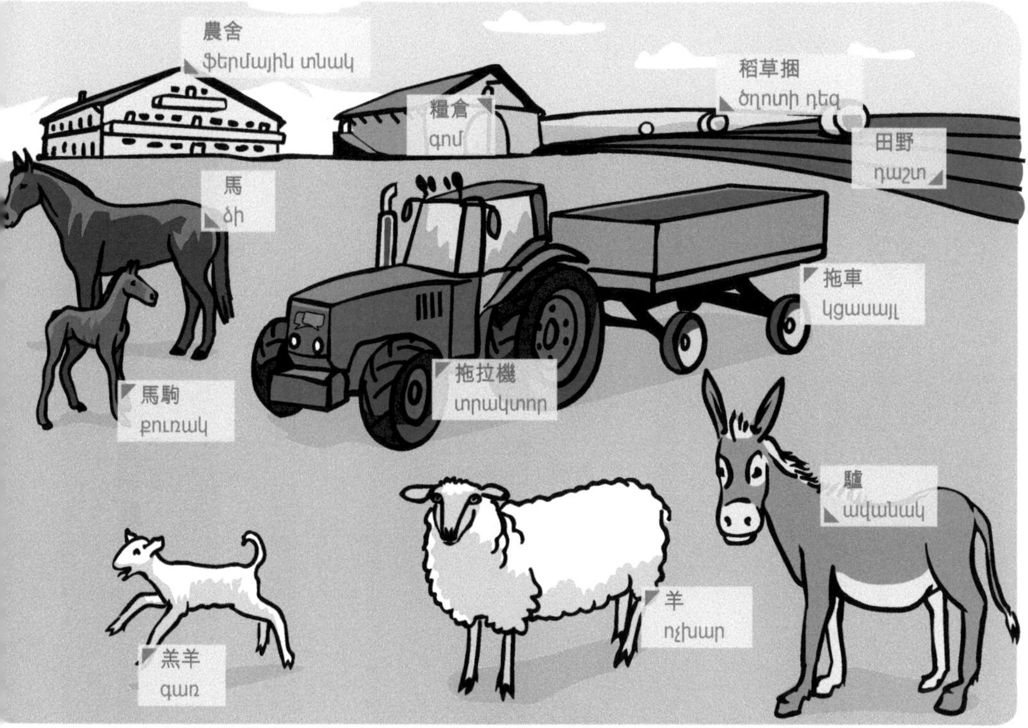

山羊

այծ

奶牛

կով

小牛

հորթ

豬

խոզ

小豬

խոճկոր

公牛

ցուլ

鵝

սագ

鴨

բադ

小雞

ճուտ

母雞

հավ

公雞

աքլոր

鼠

առնետ

貓

կատու

老鼠

մուկ

牛

ցուլ

狗

շուն

狗屋

շան բուն

花園澆水軟管

այգու փողրակ

澆水壺

watering կարող է

長柄大鐮刀

գերանդի

犁

գութան

鐮刀

մանգաղ

鋤頭

թոխր

長柄草耙

եղան

斧頭

կացին

獨輪手推車

միանիվ ձեռնասայլակ

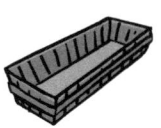

飼料槽

կերակրատաշտ

牛奶罐

կաթի բիդոն

麻布袋

պարկ

柵欄

ցանկապատ

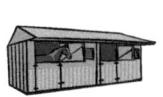

馬廄

կայուն

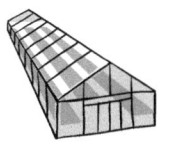

溫室

ջերմոց

土壤

հող

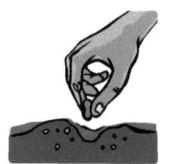

種子

սերմ

肥料

պարարտանյութ

聯合收割機

բերքահավաք կոմբայն

收割
բերք

收割
բերք

地瓜
յամս

小麥
ցորեն

大豆
սոյա

土豆
կարտոֆիլ

玉米
եգիպտացորեն

油菜籽
rapeseed

果樹
մրգային ծառ

樹薯
manioc

穀物
շիլաներ

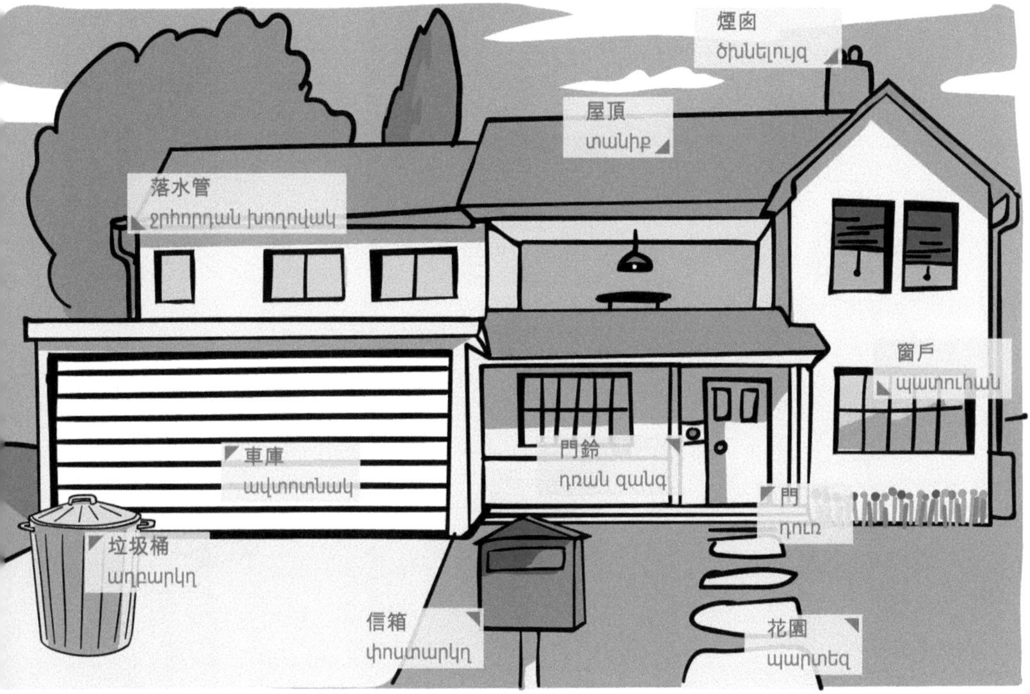

煙囪
ծխնելույզ
屋頂
տանիք
落水管
ջրհորդան խողովակ
窗戶
պատուհան
車庫
ավտոտնակ
門鈴
դռան զանգ
門
դուռ
垃圾桶
աղբարկղ
信箱
փոստարկղ
花園
պարտեզ

客廳

հյուրասենյակ

浴室

լողասենյակ

廚房

խոհանոց

臥室

ննջարան

兒童房

մանկական սենյակ

餐廳

ճաշասենյակ

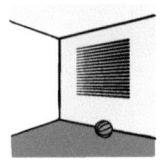

地板

հարկ

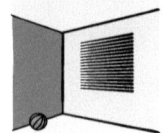

牆壁

պատ

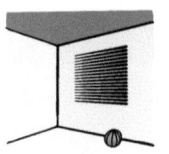

天花板

առաստաղ

地窖

նկուղ

三溫暖

շոգեբաղնիք

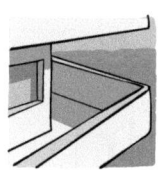

陽臺

պատշգամբ

露臺

պատշգամբ

游泳池

ավազան

割草機

խոտհնձիչ

被單

թերթ

床罩

անկողնու ծածկոց

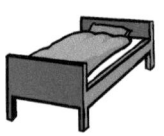

床

մահճակալ

掃帚

ավել

水桶

դույլ

開關

անջատիչ

客廳

հյուրասենյակ

壁紙
պաստառ
相片
նկար
擱架
դարակ
壁爐
բուխարի
花
ծաղիկ
花瓶
սկահակ
電視
հեռուստացույց
櫥櫃
բուֆետ
檯燈
լամպ
墊子
բարձ
沙發
բազմոց
遙控器
հեռակառավարման վահանակ

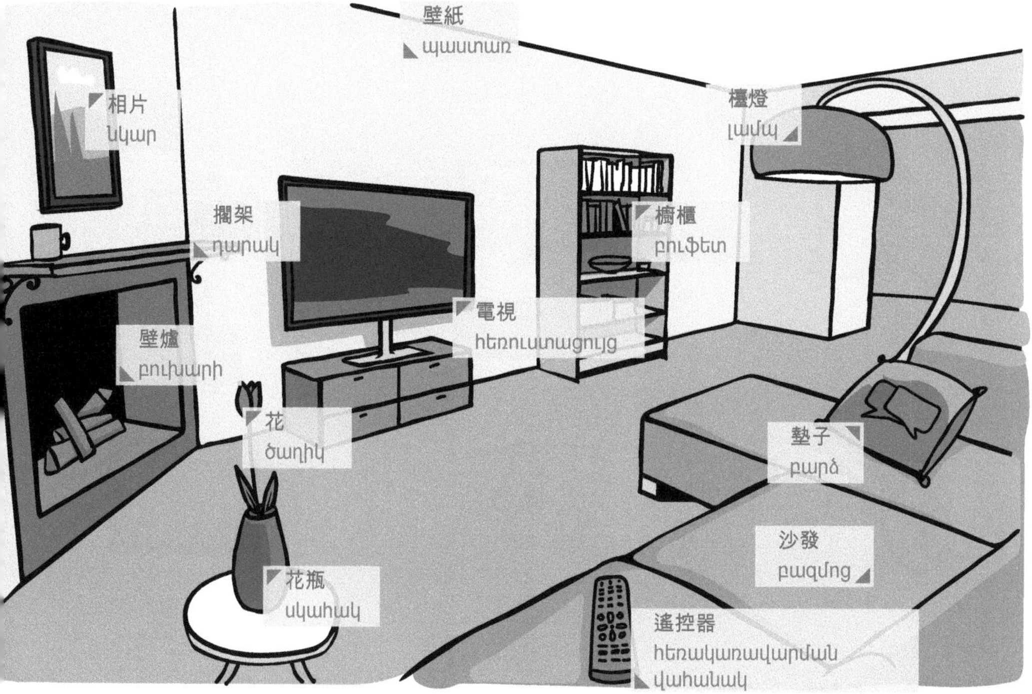

地毯

գորգ

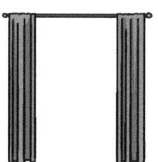

窗簾

վարագույր

餐桌

սեղան

椅子

աթոռ

搖椅

ճոճվող բազկաթոռ

扶手椅

բազկաթոռ

書

գիրք

毯子

վերմակ

裝飾品

զարդարանք

木柴

վառելափայտ

電影

ֆիլմ

高傳真音響

hi-fi

鑰匙

բանալի

報紙

թերթ

油畫

նկար

海報

պլակատ

收音機

ռադիո

筆記本

տետր

吸塵器

փոշեկուլ

仙人掌

կակտուս

蠟燭

մոմ

廚房
խոհանոց

冰箱
սառնարանի
微波爐
միկրոալիքային վառարան
խոհանոցի կշեռք
烤麵包機
տոստեր
洗潔精
լվացող հեղուկ
烤箱
վառարան
冰櫃
սառնարան
垃圾桶
աղբարկղ
洗碗機
աման լվացող սարք

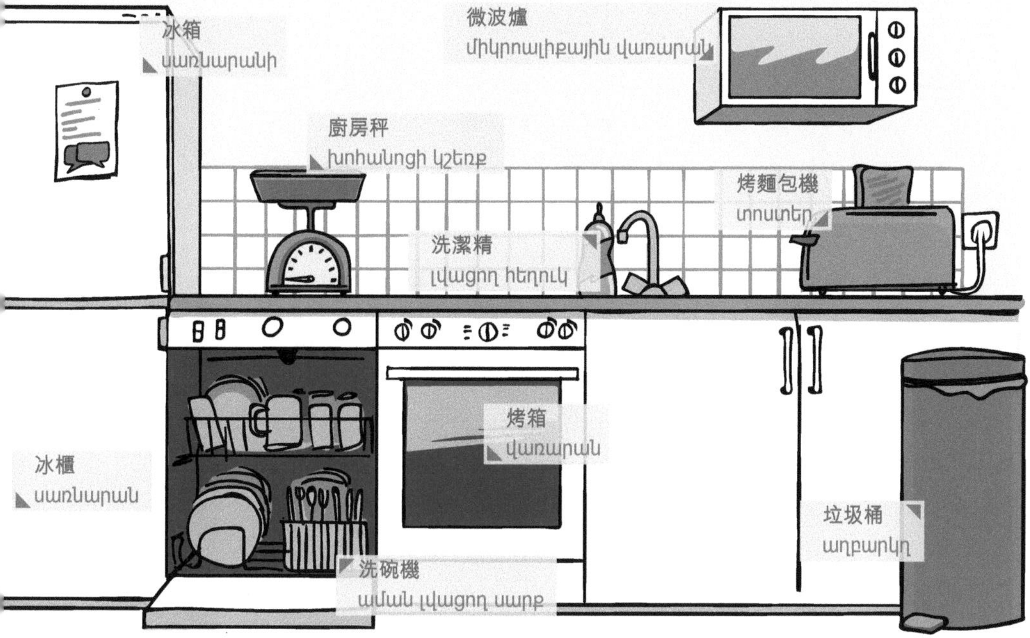

炊具

կաթսա

鍋

կճուճ

鑄鐵鍋

թուջե աման

炒鍋

wok / kadai

平底鍋

թավա

水壺

թեյնիկ

廚房 - խոհանոց 35

蒸鍋

շոգենավ

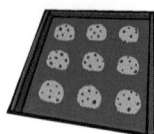

烤盤

ջեռոցի սկուտեղ

陶瓷鍋

ամանեղեն

馬克杯

բաժակ

碗

խորը աման

筷子

փայտիկներ

長柄勺

շերեփ

鏟子

խոհանոցային բահիկ

攪拌器

հարել

濾網

քամիչ

篩子

մաղ

磨碎機

քերիչ

研缽

հավանգ

燒烤

խորոված

明火

բաց կրակի

菜板

տախտակ

擀麵杖

գրտնակ

開瓶器

խցանահան

罐子

բանկա

開罐器

բացիչ

隔熱手套

խոհանոցային բռնիչ

水槽

լվացարան

刷子

խոզանակ

海綿

սպունգ

攪拌機

բլենդեր

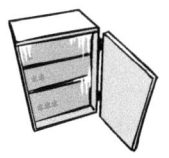

冷藏箱

սառնարան

奶瓶

մանկական շիշ

水龍頭

թակել

浴室

լողասենյակ

供暖裝置
ջեռուցում
淋浴
ցնցուղ
毛巾
սրբիչ
浴簾
լոգարանի վարագույր
泡沫浴
փրփուրով վաննա
浴缸
լոգարան
玻璃杯
ապակի
洗衣機
լվացքի մեքենա
水龍頭
թակել
瓷磚
սալիկներ
便壺
մանր
水槽
լվացարան

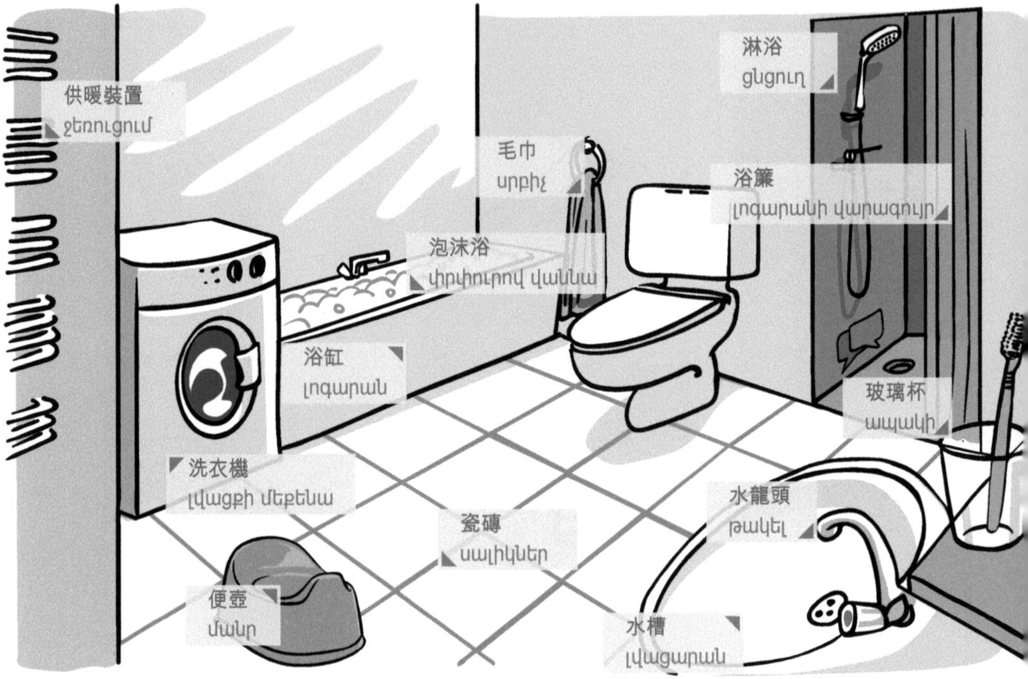

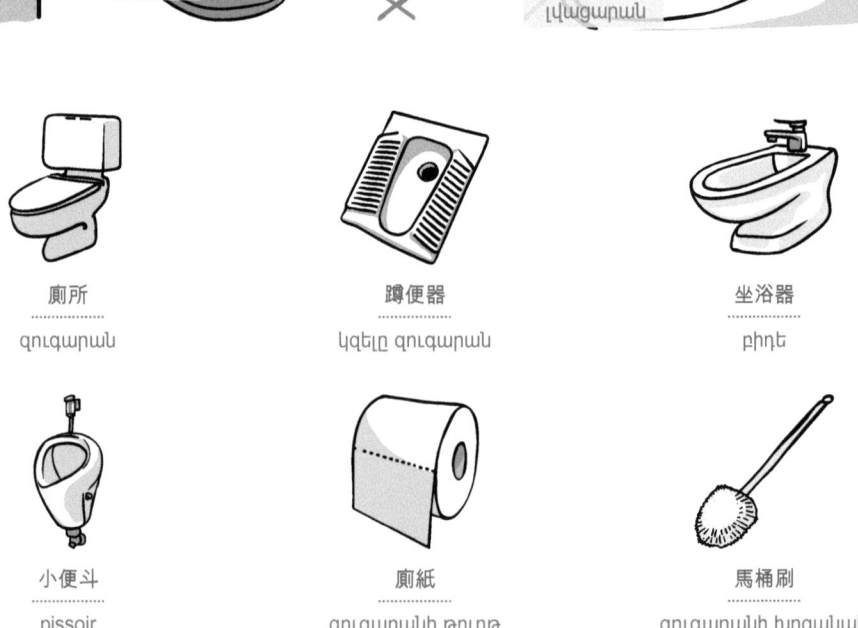

廁所

զուգարան

蹲便器

կզելը զուգարան

坐浴器

բիդե

小便斗

pissoir

廁紙

զուգարանի թուղթ

馬桶刷

զուգարանի խոզանակ

38 浴室 - լողասենյակ

牙刷

ատամի խոզանակ

牙膏

ատամի քսուք

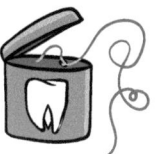

牙線

ատամի թել

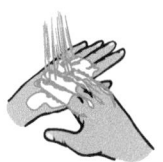

洗

լվանալ

手持式蓮蓬頭

ձեռքի ցնցուղ

沖洗器

ցնցուղ

洗臉盆

ավազան

洗背刷

մեջքի խոզանակ

肥皂

օճառ

沐浴露

լոգանքի գել

洗髮乳

շամպուն

法蘭絨

ճիլոպ

排水

հատականցք

乳霜

կրեմ

除臭劑

դեզոդորանտ

鏡子

հայելի

手鏡

ձեռքի հայելի

刮鬍刀

սափրիչ

刮鬍泡沫

Սափրվելու փրփուր

鬚後水

սափրվելուց հետո քսվող լոսյոն

梳子

սանր

刷子

խոզանակ

吹風機

մազերի չորացուցիչ

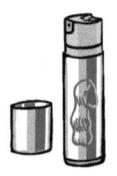

噴髮定型劑

մազի լաք

化妝品

դիմահարդարում

唇膏

շրթնաներկ

指甲油

եղունգների լաք

化妝棉

բամբակ

指甲剪

եղունգների մկրատ

香水

օծանելիք

洗漱包

դիմահարդարման պայուսակ

凳子

աթոռակ

計重秤

կշեռք

浴袍

լողանալու խալաթ

橡膠手套

ռետինե ձեռնոցներ

衛生棉條

տամպոն

衛生棉

սանիտարական սրբիչ

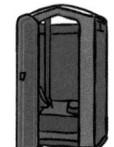

化學廁所

քիմիական զուգարան

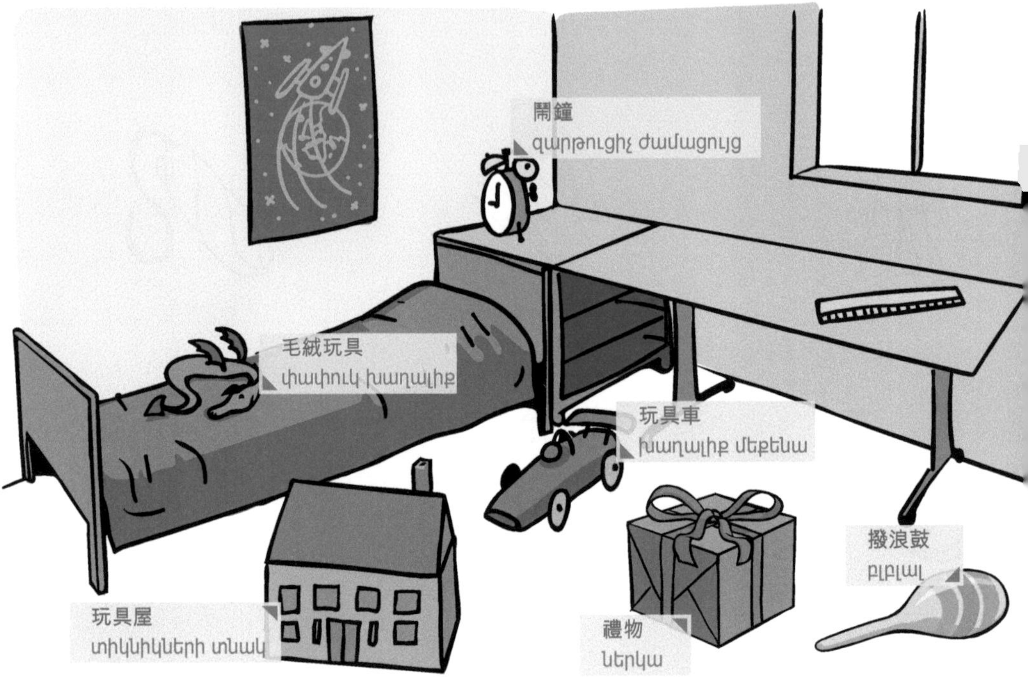

兒童房

Մանկական սենյակ

鬧鐘
զարթուցիչ ժամացույց

毛絨玩具
փափուկ խաղալիք

玩具車
խաղալիք մեքենա

撥浪鼓
բլբլա

玩具屋
տիկնիկների տնակ

禮物
ներկա

氣球
փուչիկ

床
մահճակալ

嬰兒車
մանկական սայլակ

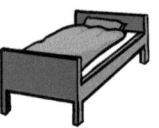

撲克牌
խաղաթղթեր

拼圖
խճապատկեր

漫畫
կոմիքս

樂高積木

Լեգո կուբիկներ

積木玩具

կառուցողական խաղալիքներ

公仔

ակցիան գործիչ

嬰兒服

մանկական բոդի

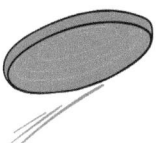

飛盤

Frisbee

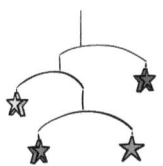

床鈴玩具

շարժական

棋盤遊戲

խաղատախտակ

骰子

զառախաղ

火車模型

գնացքների կազմ

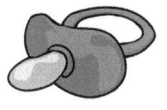

安撫奶嘴

ծծակ

派對

կուսակցություն

繪本

մանկական պատկերազարդ գիրք

球

գնդակ

洋娃娃

տիկնիկ

玩

խաղալ

沙坑

ավազե խաղահրապարակի

鞦韆

ռիթմ

玩具

խաղալիքներ

電玩遊戲

վիդեո խաղ մխիթարել

三輪車

եռանիվ հեծանիվ

泰迪熊

խաղալիք արջուկ

衣櫃

պահարան

衣服

հագուստ

襪子

կիսագուլպա

長襪

գուլպա

緊身褲

զուգագուլպա

圍巾
շարֆ

雨傘
հովանոց

皮帶
գոտի

T恤
շապիկ

運動鞋
սպորտային կոշիկներ

靴子
կոշիկ

拖鞋
հողաթափեր

涼鞋
սանդալներ

鞋
կոշիկ

雨靴
ռետինե կոշիկներ

內褲
վարտիք

胸罩
կրծկալ

背心
մայկա

身體

մարմին

褲子

անդրավարտիք

牛仔褲

ջինս

短裙

կիսաշրջազգեստ

女式襯衫

բլուզ

襯衫

վերնաշապիկ

套頭衫

պուլովեր

連帽上衣

սպորտային կուրտկա

西裝夾克

պիջակ

夾克

կուրտկա

外套

վերարկու

雨衣

անձրևանոց

套裝

կանացի կոստյում

連衣裙

զգեստ

婚紗

հարսանյաց զգեստ

西裝

տղամարդու կոստյում

睡袍

գիշերանոց

睡衣

պիժամա

莎麗

Սարի

頭巾

գլխաշորն

包頭巾

չալմա

波卡

չադրա

卡夫坦

արևելյան խալաթ

(阿拉伯式)長袍

հաստ վերարկու

泳衣

կանացի լողազգեստ

男式泳褲

տղամարդու լողազգեստ

短褲

շորտ

運動服

սպորտային համազգեստ

圍裙

գոգնոց

手套

ձեռնոցներ

鈕扣

կոճակ

眼鏡

ակնոց

手鏈

ապարանջան

項鍊

վզնոց

戒指

մատանի

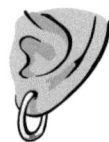

耳環

ականջօղ

便帽

գլխարկ

衣架

կախիչ

帽子

գլխարկ

領帶

փողկապ

拉鍊

շղթա

安全帽

սաղավարտ

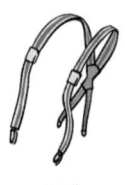

背帶

տաբատակալ

校服

դպրոցական համազգեստ

制服

համազգեստ

圍兜

մանկական գոգնոց

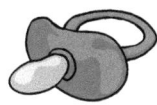

安撫奶嘴

ծծակ

尿布

մանկական տակդիր

辦公室

գրասենյակ

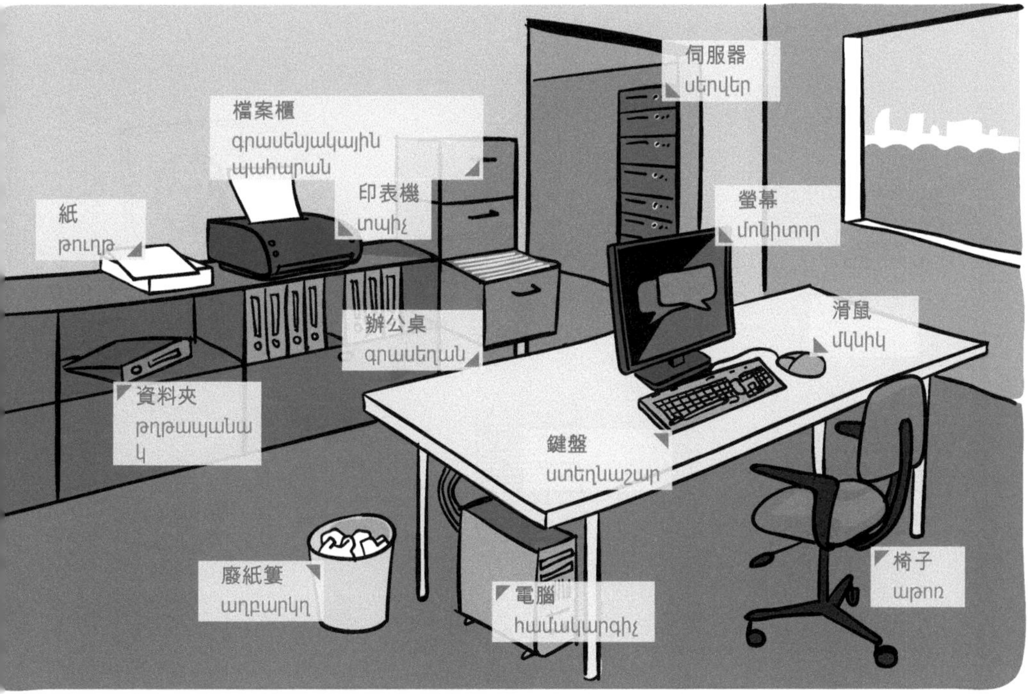

伺服器

սերվեր

檔案櫃

գրասենյակային պահարան

印表機

տպիչ

紙

թուղթ

螢幕

մոնիտոր

辦公桌

գրասեղան

滑鼠

մկնիկ

資料夾

թղթապանակ

鍵盤

ստեղնաշար

廢紙簍

աղբարկղ

椅子

աթոռ

電腦

համակարգիչ

咖啡杯

սուրճի գավաթ

計算機

հաշվիչ

網際網路

ինտերնետ

辦公室 - գրասենյակ 49

筆記型電腦

laptop

信件

նամակ

簡訊

հաղորդագրություն

行動電話

բջջային հեռախոս

網路

ցանց

影印機

պատճենահանման սարք

軟體

ծրագրային ապահովում

電話

հեռախոս

插座

վարդակ

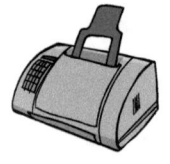

傳真機

ֆաքսի մեքենա

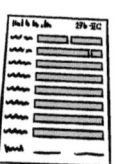

表格

տեսակ

檔案

փաստաթուղթ

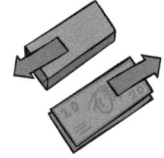

經濟

տնտեսություն

買

գնել

付錢

վճարել

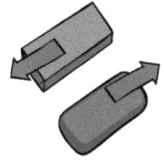

交易

առեւտրի

現金

փող

美元

դոլար

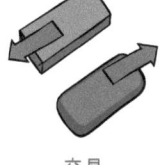

歐元

եվրո

日元

իեն

盧布

ռուբլի

瑞士法郎

շվեյցարական ֆրանկ

人民幣

յուան

盧比

ռուպի

提款處

բանկոմատ

外幣兌換處

փոխանակման կետ

金

ոսկի

銀

արծաթ

石油

նավթ

能源

էներգիա

價格

գին

合約

պայմանագիր

稅金

հարկ

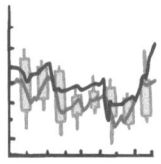

股票

ակցիաներ

工作

աշխատանք

職員

ծառայող

老闆

գործատու

工廠

գործարան

商店

խանութ

職業
մասնագիտություն

警官
ոստիկան
消防員
հրշեջ
廚師
խոհարար
醫師
բժիշկ
飛行員
օդաչու

園丁

այգեպան

木匠

ատաղձագործ

裁縫

դերձակուհի

法官

դատավոր

化學家

քիմիկոս

演員

դերասան

公車司機

ավտոբուսի վարորդ

計程車司機

տաքսու վարորդ

漁夫

ձկնորս

清洗女工

հավաքարար

屋頂工

տանիքագործ

服務生

մատուցող

獵人

որսորդ

畫家

նկարիչ

麵包師

հացթուխ

電工

էլեկտրատեխնիկ

建築工人

շինարար

工程師

ինժեներ

屠夫

մսագործ

水管工

ջրմուղագործ

郵差

փոստատար

士兵

զինվոր

建築師

ճարտարապետ

收銀員

գանձապահ

花農

ծաղկավաճառ

理髮師

վարսավիր

售票員

տոմսավաճառ

機械技師

մեխանիկ

船長

կապիտան

牙醫

ատամնաբույժ

科學家

գիտնական

拉比

ռաբբի

伊瑪目

Իմամ

和尚

կուսակրոն

牧師

հոգևորական

工具

գործիքներ

鐵錘
մուրճ
鉗子
տափակաբերան
աքցան
螺絲起子
պտուտակահա
ն
扳手
դարձակ
手電筒
լապտեր

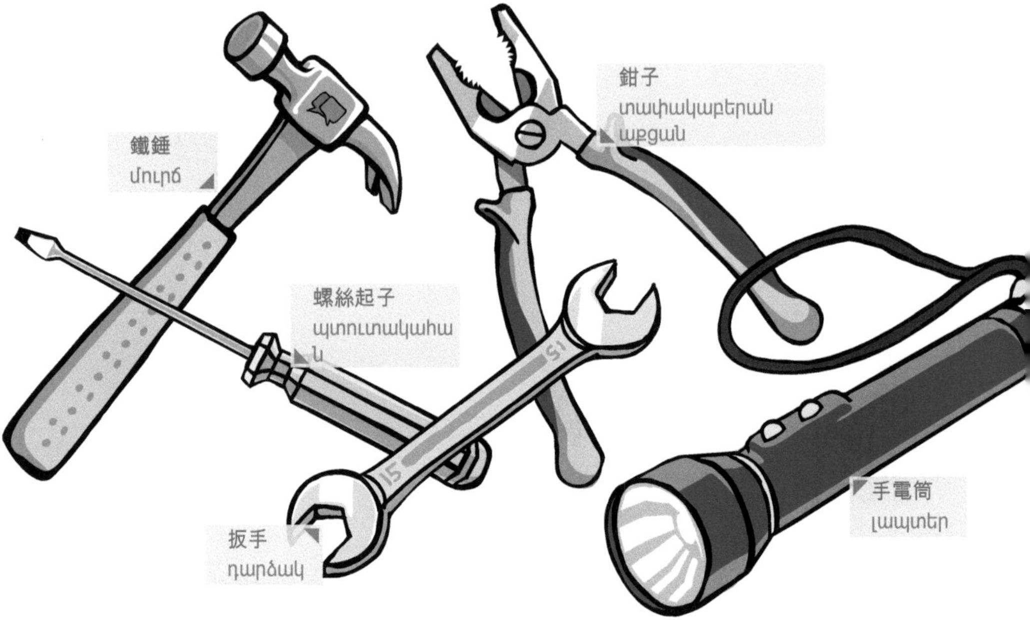

挖掘機

էքսկավատոր

工具箱

գործիքների տուփ

梯子

սանդուղք

鋸子

սղոց

釘子

մեխեր

鑽機

գայլիկոն

修

 նորոգում

鏟子

բահ

糟糕！

գրողը տանի

畚箕

գոգաթիակ

油漆桶

ներկաման

螺絲

պտուտակներ

樂器

Երաժշտական գործիքներ

揚聲器
բարձրախոս

打擊樂器
հարվածային գործիքների կազմ

低音提琴
կոնտրաբաս

小號
շեփոր

吉他
կիթառ

鋼琴

դաշնամուր

小提琴

ջութակ

貝斯

բաս

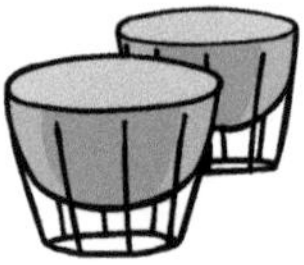

定音鼓

թմբուկներ

鼓

հարվածային գործիքներ

電子琴

ստեղնաշար

薩克斯風

սաքսոֆոն

長笛

ֆլեյտա

麥克風

միկրոֆոն

動物園

կենդանաբանական այգի

入口
մուտք
老虎
վագր
籠子
վանդակ
斑馬
զեբր

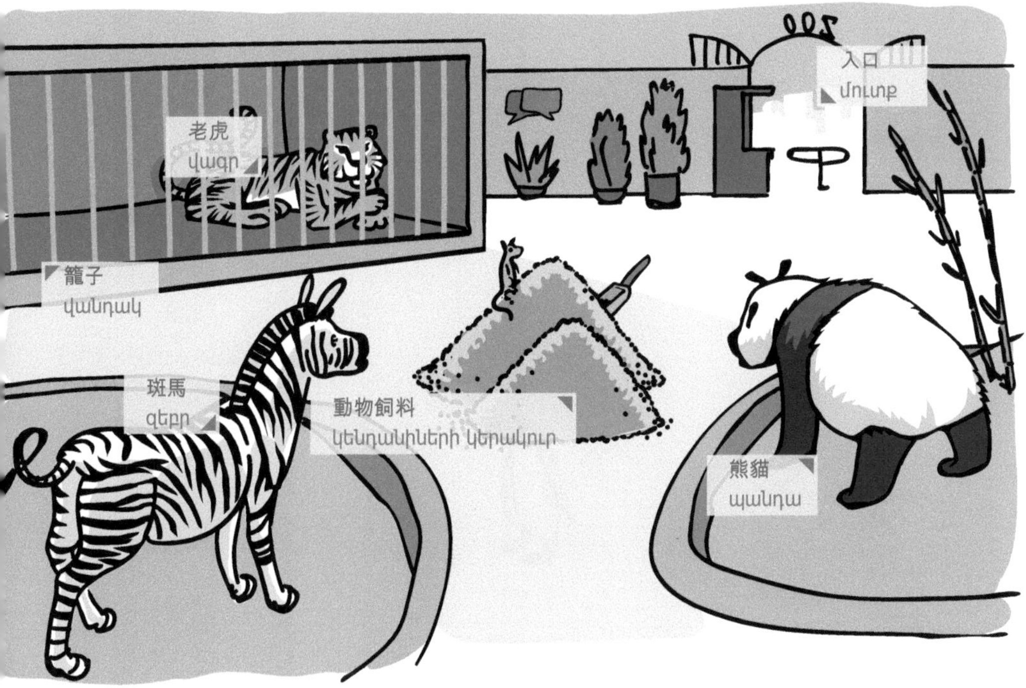

動物

կենդանիներ

大象

փիղ

袋鼠

կենգուրու

犀牛

ռնգեղջյուր

大猩猩

գորիլա

熊

գորշ արջ

駱駝

ուղտ

鴕鳥

ջայլամ

獅子

առյուծ

猴子

կապիկ

紅鶴

ֆլամինգո

鸚鵡

թութակ

北極熊

բևեռային արջ

企鵝

պինգվին

鯊魚

շնաձուկ

孔雀

սիրամարգ

蛇

օձ

鱷魚

կոկորդիլոս

動物園管理員

կենդանաբանական այգու
աշխատող

海豹

փոկ

美洲豹

յագուար

矮種馬

պոնի

豹

ընձառյուծ

河馬

գետաձի

長頸鹿

ընձուղտ

老鷹

արծիվ

野豬

վարազ

魚

ձուկ

龜

կրիա

海象

ծովացուլ

狐狸

աղվես

羚羊

վիթ

體育
սպորտներ

橄欖球
ամերիկյան ֆուտբոլ
騎腳踏車
հեծանվավազք
網球
թենիս
籃球
բասկետբոլ
游泳
լող
拳擊
բռնցքամարտ
冰球
հոկեյ

美式足球
ֆուտբոլ

羽毛球
բադմինտոն

田徑
աթլետիկա

手球
ձեռքի գնդակ

滑雪
դահուկային սպորտ

馬球
պոլո

活動
գործունեություն

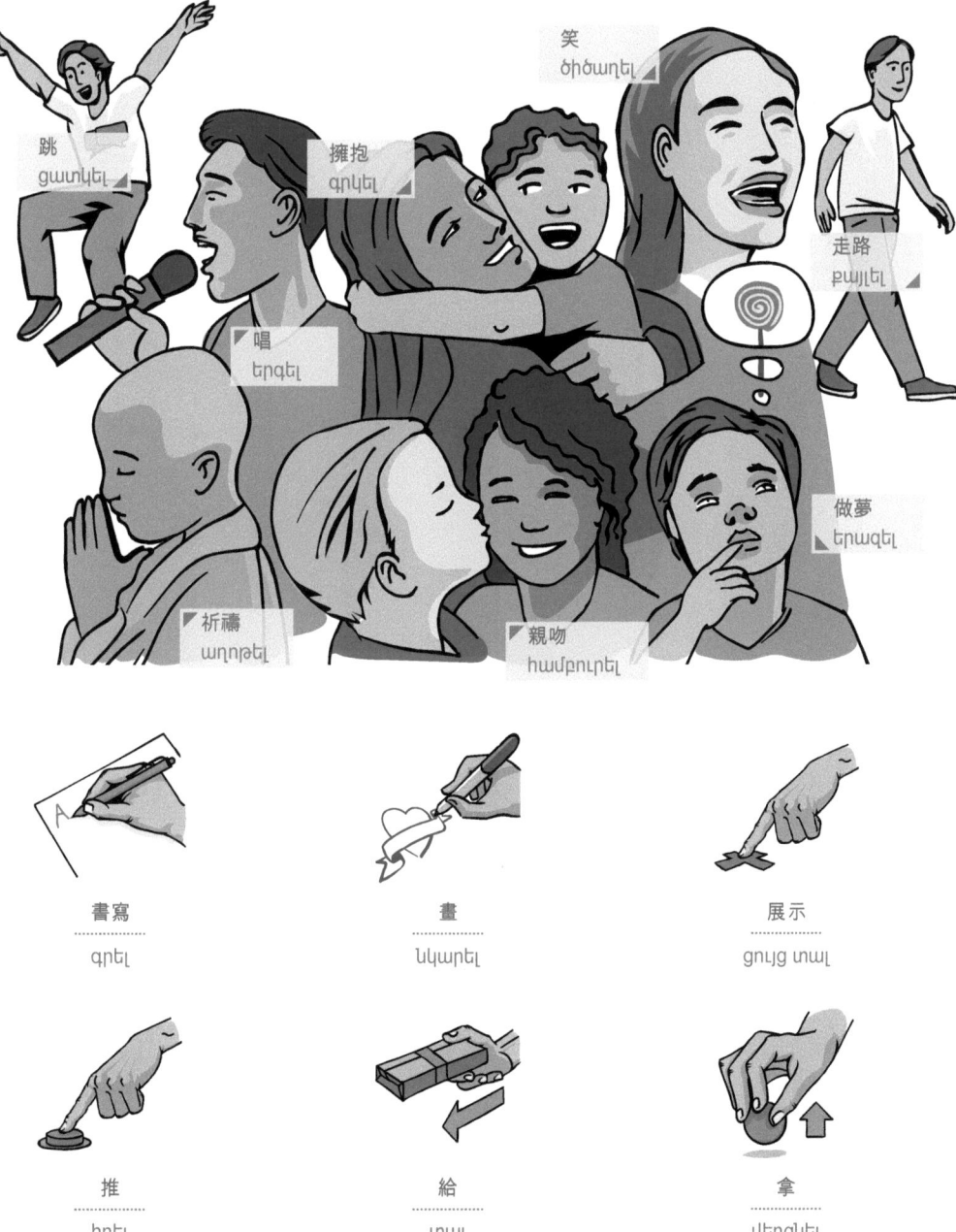

笑 / ծիծաղել

跳 / ցատկել

擁抱 / գրկել

走路 / քայլել

唱 / երգել

做夢 / երազել

祈禱 / աղոթել

親吻 / համբուրել

書寫 / գրել

畫 / նկարել

展示 / ցույց տալ

推 / հրել

給 / տալ

拿 / վերցնել

活動 - գործունեություն   63

有

ունենալ

做

դեպի

當

լինել

站

կանգնել

跑

վազել

拉

քաշել

丟

նետել

摔倒

ընկնել

躺

ստել

等待

սպասել

攜帶

կրել

坐

նստել

穿衣

հագնվել

睡覺

քնել

醒來

արթնանալ

	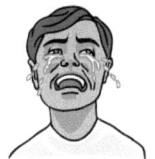	
看	哭	擊
նայել	լացել	շոյել

梳頭	交談	明白
սանրվել	խոսել	հասկանալ

問	聽	喝
հարցնել	լսել	խմել

吃	清理	愛
ուտել	հարդարվել	սիրել

做飯	開車	飛
խոհարար	քշել	թռչել

航行

լողալ

計算

հաշվել

讀

կարդալ

學習

սովորել

工作

աշխատանք

結婚

ամուսնանալ

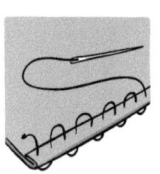

縫

կարել

刷牙

ատամները լվանալ

殺

սպանել

抽菸

ծուխ

寄

ուղարկել

祖母
տատիկ

祖父
պապիկ

父親
հայր

母親
մայր

嬰兒
երեխա

女兒
դուստր

兒子
որդի

客人
հյուր

阿姨
հորաքույր

叔叔
հորեղբայր

兄弟
եղբայր

姐妹
քույր

身體

մարմին

前額
ճակատ
眼睛
աչք
肩膀
ուս
手指
մատ
臉
դեմք
下巴
կզակ
手
ձեռք
腿
ոտք
乳房
կուրծք
手臂
թև

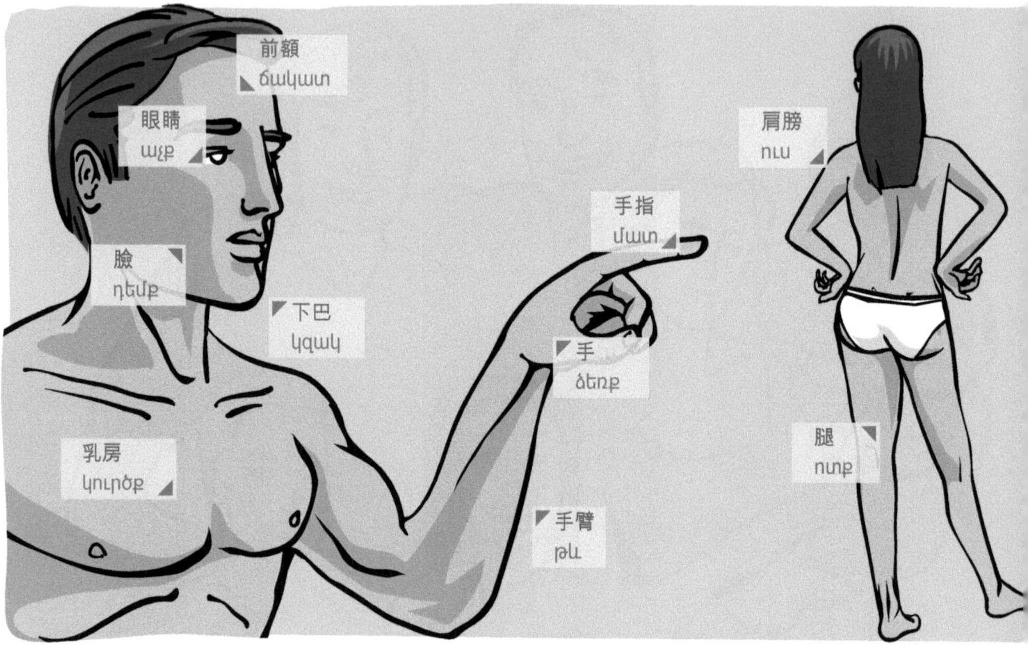

嬰兒

երեխա

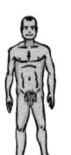

男人

մարդ

女人

կին

女孩

աղջիկ

男孩

տղա

頭

գլուխ

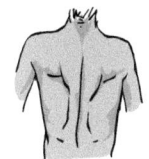

背部

Մեջք

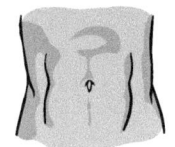

肚子

փոր

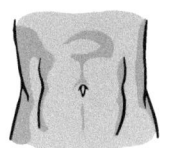

肚臍

պորտ

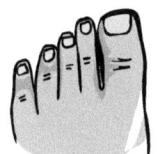

腳趾

ոտնամատ

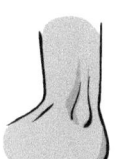

腳後跟

կրունկ

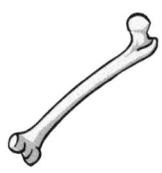

骨頭

ոսկոր

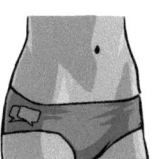

臀部

ազդր

膝蓋

ծունկ

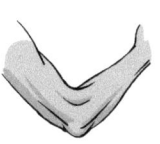

手肘

արմունկ

鼻子

քիթ

屁股

հետույք

皮膚

մաշկ

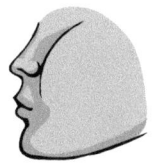

臉頰

այտ

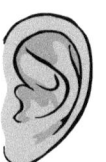

耳朵

ականջ

嘴唇

շրթունք

嘴

բերան

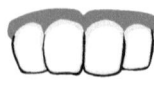

牙齒

ատամ

舌頭

լեզու

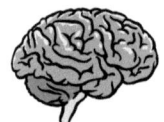

腦

ուղեղ

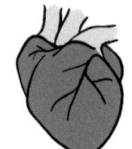

心臟

սիրտ

肌肉

մկան

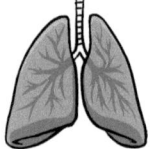

肺

թոք

肝臟

լյարդ

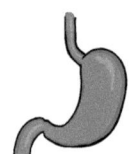

胃

ստամոքս

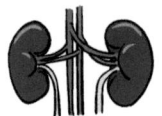

腎臟

երիկամներ

性交

սեքս

保險套

պահպանակներ

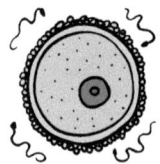

卵子

ձվաբջիջը

精子

Սեմյոն

懷孕

հղիություն

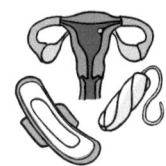

月事

դաշտան

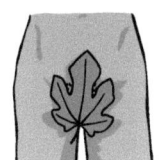

陰道

հեշտոց

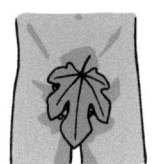

陰莖

առնանդամ

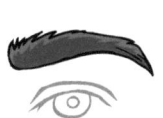

眉毛

հոնք

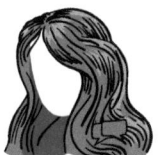

頭髮

մազ

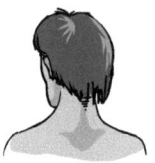

脖子

պարանոց

醫院
հիվանդանոց

醫院
հիվանդանոց

急救車
շտապ օգնության մեքենա

輪椅
սայլակ

骨折
կոտրվածք

醫師
բժիշկ

急診室
շտապ օգնության սենյակ

護理師
բուժքույր

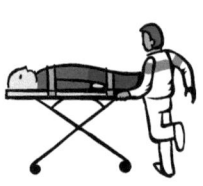

緊急情形
շտապ օգնություն

昏迷
անգիտակից

痛
ցավ

受傷

վնասվածք

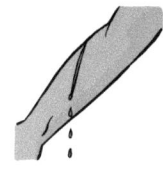

出血

արյունահոսություն

心臟病發作

սրտի կաթված

中風

կաթված

過敏

ալերգիա

咳嗽

հազ

發燒

տենդ

流感

գրիպ

腹瀉

փորլուծություն

頭痛

գլխացավ

癌症

քաղցկեղ

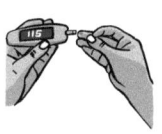

糖尿病

դիաբետ

外科醫師

վիրաբույժ

手術刀

վիրադանակ

手術

վիրահատություն

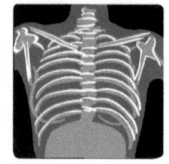

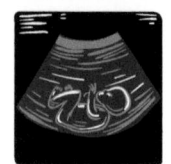

電腦斷層掃描

CT

X光

ռենտգեն

超音波

ուլտրաձայնային

口罩

դեմքի դիմակ

疾病

հիվանդություն

候診室

սպասասրահ

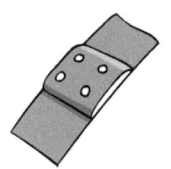

拐杖

հենակ

石膏

սպեղանի

繃帶

վիրակապ

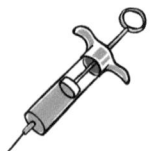

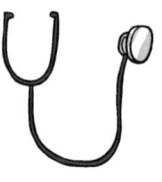

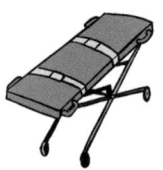

注射

ներարկում

聽診器

լսափողակ

擔架

պատգարակ

體溫計

ջերմաչափ

出生

ծնունդ

超重

ավելաքաշ

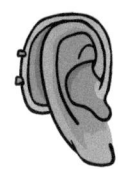

助聽器

լսելով օգնության

消毒液

ախտահանիչ

感染

վարակ

病毒

վիրուս

愛滋病

ՄԻԱՎ / ՁԻԱՀ

藥物

դեղորայք

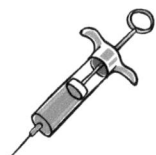

接種疫苗

պատվաստում

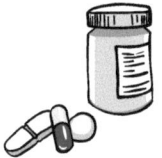

藥片

հաբեր

藥丸

հաբ

急救電話

ահազանգ

血壓計

արյան ճնշման չափիչ սարք

生病/健康

հիվանդ / առողջ

緊急情形

Շտապ օգնություն

救命！

Օգնություն!

警報

տագնապի ազդանշան

突擊

հարձակում

攻擊

հարձակում

危險

վտանգ

緊急出口

վթարային ելք

失火了！

Հրդեհ

滅火器

կրակմարիչ

意外

վթար

急救箱

առաջին օգնության դեղարկղ

呼救訊號

SOS

員警

ոստիկանություն

地球
Երկիր

歐洲

Եվրոպա

北美洲

Հյուսիսային Ամերիկա

南美洲

Հարավային Ամերիկա

非洲

Աֆրիկա

亞洲

Ասիա

澳洲

Ավստրալիա

大西洋

Ատլանտյան օվկիանոս

太平洋

Խաղաղ օվկիանոս

印度洋

Հնդկական օվկիանոս

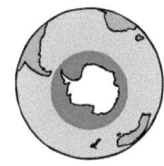

南冰洋

Հարավային Սառուցյալ օվկիանոս

北冰洋

Հյուսիսային Սառուցյալ օվկիանոս

北極

հյուսիսային բևեռ

南極

հարավային բևեռ

南極洲

Անտարկտիդա

地球

երկիր

陸地

ցամաք

海

ծով

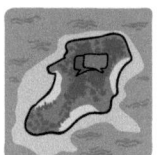

島

կղզի

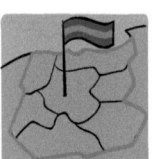

國家

ազգ

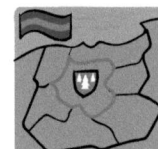

州

պետական

鐘錶
ժամացույց

錶盤

թվատախտակ

時針

ժամի սլաք

分針

րոպեի սլաք

秒針

վայրկյանի սլաք

現在幾點？

Ժամը քանիսն է?

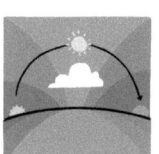

天

օր

時間

այսպիսով

現在

այժմ

電子錶

թվային ժամացույց

分

րոպե

時

ժամ

週

Շաբաթ

週一 — երկուշաբթի
週二 — երեքշաբթի
週三 — չորեքշաբթի
週四 — հինգշաբթի
週五 — ուրբաթ
週六 — շաբաթ
週日 — կիրակի

昨天
այսօր

今天
այսօր

明天
վաղը

早晨
առավոտ

中午
կեսօր

晚上
երեկո

工作日
աշխատանքային օրեր

週末
շաբաթվա վերջ

彩虹
ծիածան
雨
անձրև
雪
ձյուն
風
քամի
春
գարուն
秋
աշուն
夏
ամառ
冬
ձմեռ

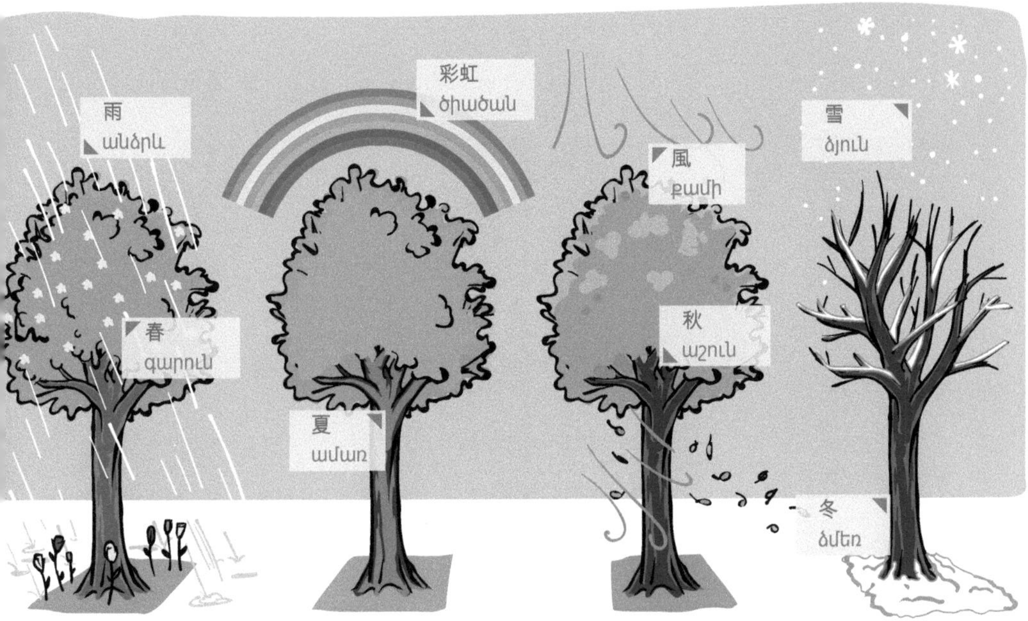

天氣預告

եղանակի տեսություն

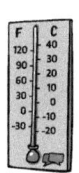

溫度計

ջերմաչափ

陽光

արևի լույս

雲

ամպ

霧

մառախուղ

潮濕

խոնավություն

閃電

կայծակ

打雷

որոտ

風暴

փոթորիկ

冰雹

կարկուտ

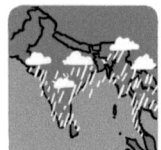

季風

մուսոն

洪水

ջրհեղեղ

冰

սառույց

一月

հունվար

二月

փետրվար

三月

մարտ

四月

ապրիլ

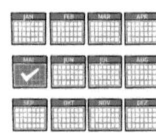

五月

մայիս

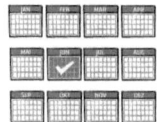

六月

հունիս

七月

հուլիս

八月

օգոստոս

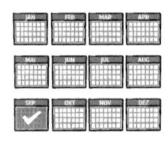

九月

սեպտեմբեր

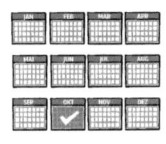

十月

հոկտեմբեր

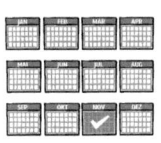

十一月

նոյեմբեր

十二月

դեկտեմբեր

形狀

ձևավորում

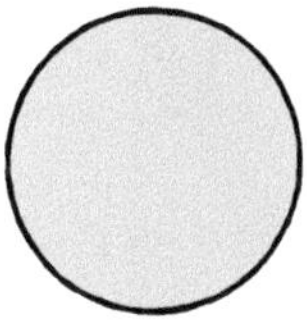

圓形

շրջան

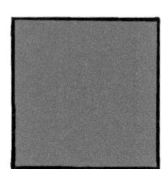

正方形

քառակուսի

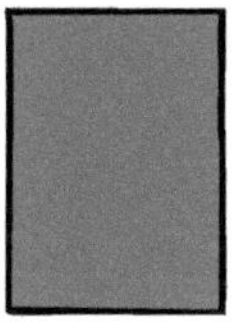

長方形

ուղղանկյունի

三角形

եռանկյունի

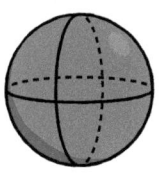

球體

ասպարեզ

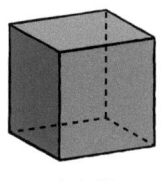

立方體

խորանարդ

顏色

գույներ

白

վարդագույն

黃

մոխրագույն

橙

դեղին

粉

մանուշակագույն

紅

կարմիր

紫

շագանակագույն

藍

կապույտ

綠

սև

棕

նարնջագույն

灰

սպիտակ

黑

կանաչ

反義詞

հակադիրներ

很多/少許

շատ / քիչ

生氣/平靜

բարկացած / հանգիստ

美/醜

գեղեցիկ / տգեղ

首/尾

սկսած / վերջը

大/小

մեծ / փոքր

明/暗

պայծառ / մութ

兄弟/姐妹

եղբայրը / քույրը

乾淨/骯髒

մաքուր / կեղտոտ

完整/缺失

ամբողջական / թերի

白天/晚上

օր / գիշեր

死/生

մեռած / կենդանի

寬/窄

լայն / նեղ

可食用/非食用

ուտելի / անուտելի

邪惡/善良

չար / բարի

興奮/無聊

հուզված / ձանձրացրել

胖/瘦

հաստ / բարակ

第一/最後

առաջին / վերջին

朋友/敵人

ընկերը / թշնամին

滿/空

լիքը / դատարկ

硬/軟

կոշտ / փափուկ

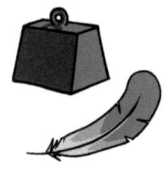

重/輕

ծանր / թեթև

餓/渴

քաղց / ծարավ

生病/健康

հիվանդ / առողջ

非法/合法

անօրինական է / իրավաբանական

聰明/愚笨

Խելացի / հիմարություն

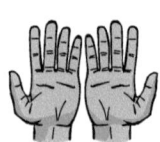

左/右

ձախ / աջ

近/遠

մոտիկ / հեռու

86 反義詞 - հակադիրներ

新/舊

Նոր / օգտագործվում

沒有/有些

ոչինչ / ինչ - որ բան

老/幼

ծեր / երիտասարդ

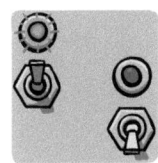

開/關

միացում անջատում

打開/闔上

բաց / փակ

安靜/吵鬧

ցածր / բարձր

富/窮

հարուստ / աղքատ

對/錯

ճիշտ / սխալ

粗糙/光滑

անհարթ / հարթ

傷心/高興

տխուր / ուրախ

短/長

կարճ / երկար

慢/快

դանդաղ / արագ

濕/乾

թաց / չոր

溫暖/涼爽

տաք / թույն

戰爭/和平

պատերազմ / խաղաղությունը

數字
թվեր

0
零
զրո

1
一
մեկ

2
二
երկու

3
三
երեք

4
四
չորս

5
五
հինգ

6
六
վեց

7
七
յոթ

8
八
ութ

9
九
ինը

10
十
տաս

11
十一
տասնմեկ

12	**13**	**14**
十二	十三	十四
տասներկու	տասներեք	տասնչորս

15	**16**	**17**
十五	十六	十七
տասնհինգ	տասնվեց	տասնյոթ

18	**19**	**20**
十八	十九	二十
տասնութ	տասնինը	քսան

100	**1.000**	**1.000.000**
百	千	百萬
հարյուր	հազար	միլիոն

語言

լեզուներ

英語

անգլերեն

美式英語

ամերիկյան անգլերեն

普通話

չինարեն մանդարին

印地語

հինդի

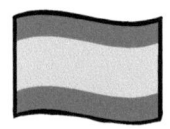

西班牙語

իսպաներեն

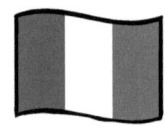

法語

ֆրանսերեն

阿拉伯語

արաբերեն

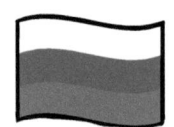

俄語

ռուսերեն

葡萄牙語

պորտուգալերեն

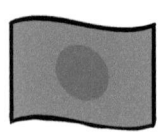

孟加拉語

բենգալերեն

德語

գերմաներեն

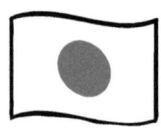

日語

ճապոներեն

誰/什麼/如何
Ով է /, թե ինչ է /, ինչպես

我

ես

你

դուք

他/她/它

Նա / նա /, որ դա

我們

մենք

你們

դուք

他們

նրանք

誰？

Ով է?

什麼？

ինչ?

如何？

ինչպես?

何處？

որտեղ.

何時？

երբ?

名字

անուն

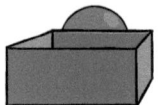

方位

որտեղ

後面

ետևում

裡面

մեջ

前面

դիմաց

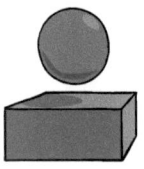

上方

վրա

上面

վրա

下麵

տակ

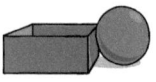

旁邊

կողքին

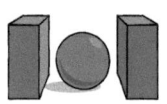

中間

միջեւ

地點

տեղ